Pains
à la machine et au four

Pour cuisiner sans stresser

Clorophyl éditions

Sommaire

Pains sucrés

Index

Trucs et astuces

Pour cuisiner sans stresser

Les bons ustensiles

- **Machine à pain ou four ?** Sachez qu'il est possible de faire de multiples variétés de pain sans machine à pain. La machine à pain vous fera gagner beaucoup de temps. Vous versez les ingrédients et elle effectue l'ensemble des étapes sans intervention de votre part. Sans machine, vous maîtriserez les différentes étapes et réaliserez des formes de pains impossibles à obtenir à la machine (baguette, petits pains ronds, pains plats…)
- **Quelle machine à pain ?** Toutes les machines effectuent le même travail : mélange, pétrissage, levage et cuisson. Les principales différences entre les machines résident dans le volume de la cuve et dans les possibilités de programmation : ajout d'ingrédients automatique en cours de pétrissage, cuisson indépendante (afin de pouvoir pétrir à la machine et cuire au four), programmation du temps et de l'intensité de cuisson…et départ différé. Quel bonheur de lancer la fabrication le soir et de se réveiller le matin avec une bonne odeur de pain chaud ! Lisez-bien le mode d'emploi de votre machine avant de réaliser une recette, car l'ordre dans lequel vous devez verser les ingrédients varie d'une machine à l'autre. Et sachez qu'il faut toujours plusieurs tentatives avant de réussir un bon pain à la machine.
- Une balance électronique pour peser les ingrédients au gramme près.
- Un gant épais pour sortir le pain de la machine ou du four.
- Un paneton pour donner sa forme au pain, et un grand saladier pour le faire lever.
- Un bon couteau à pain et de jolies corbeilles pour présenter vos pains.

La levure

- Privilégiez la levure de boulanger ou la levure fraîche et proscrivez la levure chimique qui compromet la réussite du pain. La levure fraîche s'achète chez le boulanger. Faites-la lever en la diluant dans un peu de lait tiède avant de l'incorporer. La levure sèche s'achète au rayon pâtisserie et se conserve longtemps.
- La levure est fragile et le sel l'empêche de lever. Versez les ingrédients impérativement dans l'ordre indiqué par votre machine. Sans machine, l'ordre préconisé est : farine, sel, eau, puis levure.

Les étapes de la fabrication du pain.

- **Fabrication de la poolish ou du levain :** cette opération délicate est réservée aux initiés. Il est conseillé aux débutants d'acheter leur levure ou leur levain.
- **Mélange :** cette étape consiste à mélanger dans un saladier, avec une cuillère en bois, la farine et l'eau, puis le sel et enfin la levure. La pâte ne doit être ni cassante, ni sableuse. L'ajout de farine ou d'eau est souvent nécessaire pour obtenir la bonne consistance.
- **Pétrissage :** il s'effectue à la main et a pour but de permettre à l'air de pénétrer dans la pâte. Cette étape, nécessaire à la bonne levée de la pâte, doit être scrupuleusement réalisée. Les ingrédients de garniture sont ajoutés à ce moment.
- **1ère fermentation :** la pâte lève à température ambiante (idéalement 25 °C) pendant 30 minutes à 1 heure. Une température inférieure demande de prolonger le temps de levage.
- **Découpe :** la pâte est découpée en pâtons selon la taille et le nombre de pains désirés.
- **Façonnage :** il consiste à donner sa forme au pain.
- **2ème fermentation :** le pâton formé gonfle à température ambiante pendant 30 minutes à 1 heure.
- **Cuisson :** elle se réalise en 20 à 40 minutes selon la taille du pain.

Faire son pain sans machine

- **Mélange :** mélangez dans un saladier la farine et l'eau, puis ajoutez la levure. Mélangez avec une cuillère en bois jusqu'à ce que la pâte soit formée.
- **Pétrissage :** pétrissez avec les mains farinées (ou au robot) pendant 15 minutes, en incorporant le sel en cours de pétrissage.
- **1ère fermentation :** couvrez d'un torchon et laissez reposer au chaud 30 minutes.
- **Découpe et façonnage :** pétrissez à nouveau 2 à 3 minutes, puis donner la forme souhaitée (les moules à cake donnent une jolie forme au pain).
- **2ème fermentation :** recouvrez si possible d'un saladier et laissez lever à nouveau au chaud pendant 1 heure. Si la température ambiante n'est pas suffisante, préchauffez le four th 1 (30 °C) et faites lever sur la porte du four ouverte.
- **Cuisson :** préchauffez le four th 7-8 (220-230 °C). Réalisez des entailles sur le dessus, puis saupoudrez de farine. Vaporisez le pain d'eau. Mettez de l'eau dans la lèchefrite pour créer de la vapeur et enfournez le pain à mi-hauteur pendant 20 à 40 minutes.

Quelques astuces pour réussir vos pains

- **Ordre des ingrédients :** respectez parfaitement l'ordre indiqué par votre machine.
- **Texture du pâton :** elle ne doit être ni trop collante, ni trop sèche. Ajoutez une cuillère à soupe d'eau ou de farine si besoin.
- **Levage :** ajoutez un peu de levure si votre pâton n'a pas assez levé.
- **Croûte dorée :** son secret réside dans le dosage du sucre, (une à deux cuillères à soupe de sucre de canne) qui est indispensable dans le cas d'une cuisson en machine à pain. Si vous n'en ajoutez pas, vous obtiendrez un pain tout blanc.
- **Programmation différée :** utilisez impérativement de la levure sèche car la levure fraîche commencera à agir dès son incorporation et risquera par ailleurs d'être en contact avec le sel.
- **Ouverture du couvercle :** vous pouvez ouvrir le couvercle de votre machine en cours du pétrissage pour vérifier le bon état de la pâte, mais ne l'ouvrez en aucun cas lors du repos ou de la cuisson, car cela compromettrait la réussite de votre pain (c'est aussi le cas pour l'ouverture de la porte du four).

Les ingrédients de base

- La farine de blé ou de froment est la farine la plus utilisée dans la composition des pains classiques.
- Les types de farine de blé sont caractérisés par le taux d'extraction de farine. Plus la farine contient de l'écorce, plus sa couleur est sombre et plus son taux d'extraction est important.
- La farine blanche classique T45 sert surtout pour les pâtisseries.
- La farine T55 est la plus couramment utilisée dans la fabrication du pain.
- La farine T80 est utilisée pour les pains de campagne.
- La farine T110 à T150 correspond à la farine complète.
- **Les autres farines :** les farines qui ne contiennent pas ou peu de gluten nécessitent d'être mélangées à une farine de blé pour lever à la cuisson (farine de sarrasin, farine d'avoine, farine de maïs, farine d'orge, farine de seigle).

Les farines riches en gluten permettent de réaliser des pains plus forts en goût (farine d'épeautre) et la farine kamut donne au pain une jolie couleur ambrée et une tendre saveur de noisette.

- **Eau :** plus le taux d'extraction de la farine est élevé, plus il faut augmenter la quantité d'eau. Ajoutez de l'eau froide dans les machines à pain, si vous utilisez la fonction départ différé, car l'eau tiède accélère la fermentation.
- **Sel :** indispensable à l'élasticité de la pâte, le sel est néanmoins l'ennemi de la levure et bloque la levée de la pâte. Respectez avec une grande précision les quantités recommandées et n'hésitez pas à diminuer légèrement sa quantité la fois suivante si votre pain a mal levé.
- **Sucre :** le sucre, comme l'eau tiède, stimule la levure lors des phases de pétrissage et de fermentation. Il est aussi l'ingrédient qui permet d'obtenir la croûte dorée lors de la cuisson. Dosez-le en fonction de l'épaisseur de croûte que vous souhaitez obtenir, mais n'en abusez pas, car un excès de sucre fait s'affaisser le pain.

Baguette aux céréales

Préparation **45 min** Repos **3 h 10** Cuisson **20 min** Difficulté ★★★ Budget ⬭

Les Ingrédients

pour 6 personnes

- 500 g de farine
- 15 g de levure sèche de boulanger
- 30 cl d'eau tiède
- 1 cuill. à soupe de graines de sésame blanc
- 1 cuill. à soupe de graines de sésame noir
- 1 cuill. à soupe d'orge
- 1 cuill. à soupe de millet
- 10 g de sel

Versez la farine sur le plan de travail. Creusez un puits au centre et versez-y ¼ l d'eau. Travaillez avec le bout des doigts en incorporant la farine à l'eau petit à petit jusqu'à obtention d'une pâte. Formez une boule et mettez-la dans un saladier. Couvrez d'un linge humide et laissez reposer 15 minutes.

Pendant ce temps, délayez la levure dans l'eau tiède restante. Laissez fermenter 10 minutes, puis incorporez-la à la pâte. Pétrissez 5 minutes, ajoutez le sel et continuez à pétrir jusqu'à ce que la pâte soit lisse et souple. Formez à nouveau une boule et mettez-la dans un saladier. Couvrez d'un linge humide et laissez lever 1 heure 30 dans un endroit à 25 °C.

Faites tomber la pâte sur le plan de travail et repliez-la plusieurs fois sur elle-même en ajoutant les céréales. Divisez ensuite la pâte en quatre pâtons et laissez à nouveau reposer 15 minutes. Allongez chaque pâton en une petite baguette et posez-les sur la plaque du four. Couvrez d'un linge humide et laissez lever 1 heure.

Préchauffez le four th 8 (240 °C) et enfournez un plat rempli d'eau chaude. Faites une petite entaille sur la longueur des baguettes et enfournez sur la grille. Faites cuire 20 minutes.

Sortez les baguettes du four, laissez-les refroidir et servez-les tièdes ou froides.

Pain de seigle

Préparation **15 min** Pétrissage **15 min** Repos **30 min** Cuisson **25 min** Difficulté ★★ Budget ⬭

Les Ingrédients
pour 6 personnes

- 28 cl d'eau
- 225 g de farine T55
- 225 g de farine de seigle
- 2,5 cuill. à café de levain déshydraté
- 1,5 cuill. à café de sel
- 1 cuill. à soupe d'huile d'olive
- 1 cuill. à café de sucre en poudre
- 1 cuill. à café de jus de citron
- 1 cuill. à soupe de farine

- Mettez tous les ingrédients dans la machine à pain.
- Programmez le temps de pétrissage en suivant les indications données dans le mode d'emploi de votre machine.
- À la fin du temps de pétrissage, façonnez des petits pains ronds de 60 g environ. Laissez-les reposer 30 minutes dans un endroit sec.
- Préchauffez le four th 6/7 (200 °C). Entaillez légèrement les petits pains sur le dessus, en forme de croix, et poudrez légèrement de farine blanche. Enfournez et faites cuire 20 à 25 minutes.
- Ces petits pains, servis avec du beurre salé, accompagnent parfaitement bien les fruits de mer.

Pain tradition

Préparation 15 min Pétrissage 15 min Repos 30 min Cuisson 20 min Difficulté ★★ Budget ○

Les Ingrédients

pour 6 personnes

- 21 cl d'eau
- 250 g de farine de blé T110
- 50 g de farine de seigle
- 50 g de semoule de maïs
- 2 cuill. à café de levain déshydraté
- 1 cuill. à café de sel
- 1 cuill. à soupe d'huile d'olive
- 1 cuill. à café de sucre en poudre
- 1 cuill. à café de jus de citron
- 1 cuill. à soupe de farine

- Mettez tous les ingrédients dans votre machine à pain.
- Programmez le temps de pétrissage selon les indications du mode d'emploi de la machine.
- Préchauffez le four th 7/8 (220 °C). Sortez la pâte de la machine et façonnez des petites boules de pain d'environ 60 g. Laissez-les reposer 30 minutes à température ambiante.
- Incisez légèrement le dessus de chaque petit pain en croix et poudrez-les d'un peu de farine. Enfournez et faites cuire 20 minutes.
- Ces boules de pain, servies tièdes ou froides, accompagnent très bien le fromage.

Pain au müesli

Préparation **10 min** Pétrissage et Cuisson **2 h environ** Repos **10 min** Difficulté ★ Budget

Les Ingrédients

pour 6 personnes

- 13,5 cl de lait
- 13,5 cl d'eau
- 270 g de farine bise T80
- 50 g de farine de seigle
- 2,5 cuill. à café de levain déshydraté
- 1,5 cuill. à café de sel
- 15 g de beurre
- 125 g de müesli

- Mettez la moitié du müesli, l'eau et le lait dans la machine à pain et laissez macérer une dizaine de minutes. Ajoutez ensuite tous les autres ingrédients, sauf le müesli.

- Programmez le temps de pétrissage en suivant les indications données dans le mode d'emploi de votre machine.

- À la fin du temps de pétrissage, parsemez le pâton du reste de müesli en appuyant un peu pour l'enfoncer dans la pâte.

- Programmez le temps de cuisson en suivant les indications de votre machine.

- Laissez le pain refroidir avant de servir avec des fromages de type roquefort ou bleu d'Auvergne.

Pain aux céréales

Préparation **5 min** | Pétrissage et Cuisson **2 h environ** | Difficulté ★ | Budget ○

Les Ingrédients
pour 6 personnes

- 21 cl d'eau
- 185 g de farine T55
- 145 g de farine multicéréales
- 2 cuill. à café de levain déshydraté
- 1 cuill. à café rase de sel
- 1 cuill. café d'huile d'olive
- 1 cuill. à café de sucre en poudre
- 1 cuill. à café de jus de citron

- Mettez tous les ingrédients dans la machine à pain.
- Programmez le temps de pétrissage et de cuisson en suivant les indications données dans le mode d'emploi de votre machine.
- Sortez le pain de la machine et laissez-le refroidir.
- Servez avec du fromage et une salade verte.
- Ce pain se congèle très bien. Coupez-le en morceaux et emballez-le dans du film alimentaire avant de le mettre au congélateur.

Pain aux céréales et aux figues

Préparation **15 min** | Pétrissage et Cuisson **2 h environ** | Difficulté ★ | Budget

Les Ingrédients

pour 6 personnes

- 27 cl d'eau
- 390 g de farine T65
- 60 g de farine de seigle
- 6 figues sèches
- 2,5 cuill. à café de levain déshydraté
- 1,5 cuill. à café de sel
- 1 cuill. à soupe d'huile de noix
- 2 cuill. à café de sucre en poudre
- 1 cuill. à soupe rase d'avoine
- 1 cuill. à café de graines de pavot
- 1 cuill. à café de millet

- Hachez très finement les figues. Mettez l'eau, les deux farines, le levain, le sel, l'huile, le sucre et les figues hachées dans la machine à pain.
- Programmez le temps de pétrissage en suivant les indications données par le mode d'emploi de votre machine.
- À la fin du temps de pétrissage, parsemez la pâte d'avoine, de graines de pavot et de millet. Programmez le temps de cuisson en suivant les indications de votre machine.
- Sortez le pain de la machine et laissez-le refroidir sur une grille.
- Servez le pain en tranches épaisses avec des figues fraîches et une salade de roquette.

Pain aux olives

Préparation **15 min** Pétrissage et Cuisson **2 h environ** Repos **30 min** Difficulté ★★ Budget ⬭

Les Ingrédients
pour 6 personnes

- 21 cl d'eau
- 350 g de farine T55
- 2 cuill. à café de levain
- 1 cuill. à café de sel
- 1 cuill. à café d'huile d'olive
- 1 cuill. à café de sucre en poudre
- 125 g d'olives noires dénoyautées

- Mettez tous les ingrédients, sauf les olives, dans la machine à pain.
- Programmez le temps de pétrissage en suivant les indications du mode d'emploi de votre machine.
- À la fin du temps de pétrissage, mettez la pâte sur le plan de travail, ajoutez les olives et travaillez rapidement la pâte pour les incorporer. Remettez la pâte dans la machine et laissez lever dans la machine éteinte pendant 30 minutes.
- Programmez le temps de cuisson en suivant les indications de votre machine.
- Sortez le pain de la machine et laissez-le refroidir avant de le servir découpé en petites tranches tartinées de tapenade noire.

Pain complet aux noix et aux raisins

Préparation **10 min** | Pétrissage et Cuisson **2 h environ** | Difficulté ★ | Budget ○

Les Ingrédients
pour 6 personnes

- 21 cl d'eau
- 240 g de farine bise T80
- 110 g de farine complète
- 50 g de raisins de Corinthe
- 50 g de cerneaux de noix concassées
- 2 cuill. à café de levain déshydraté
- 1 cuill. à café de sel
- 1 cuill. à soupe d'huile d'olive
- 1 cuill. à café de sucre en poudre
- 1 cuill. à café de jus de citron
- 1 cuill. à soupe de müesli

Mettez l'eau, la farine bise, la farine complète, le levain, le sel, l'huile d'olive, le sucre, le jus de citron et les noix concassées dans la machine à pain.

Programmez le temps de pétrissage en suivant les indications données par le mode d'emploi de votre machine.

À la fin du temps de pétrissage, ajoutez les raisins et le müesli en les enfonçant légèrement dans la pâte. Programmez le temps de cuisson en suivant les indications du mode d'emploi de votre machine.

Sortez le pain de la machine et laissez-le refroidir.

Ce pain complet est idéal pour le petit-déjeuner, accompagné de beurre et d'un assortiment de confitures ou de marmelades.

Pain de campagne

Préparation **5 min** | Pétrissage et Cuisson **2 h environ** | Difficulté ★ | Budget ○

Les Ingrédients

pour 6 personnes

- 21 cl d'eau
- 350 g de farine spéciale « pain de campagne »
- 1 cuill. à café de levure spéciale pain

- Mettez tous les ingrédients dans la machine à pain.
- Programmez le temps de pétrissage et le temps de cuisson selon les indications du mode d'emploi de votre machine.
- Sortez le pain de la machine et laissez-le refroidir sur une grille.
- Servez le pain en tranches épaisses.
- Ce pain peut être servi à tous les repas et se congèle très bien, coupé en grosses tranches et emballé dans un sac de congélation.

Petits pains au pavot

Préparation 15 min | Pétrissage 15 min | Repos 12 h | Cuisson 20 min | Difficulté ★ | Budget ⬭

Les Ingrédients
pour 6 personnes

- 15 cl de lait
- 150 g de farine T55
- 150 g de farine d'épeautre T70
- 1 cuill. à café de levain déshydraté
- 1,5 cuill. à café de sel
- 15 g de beurre
- 1 cuill. à café de sucre roux
- 2 cuill. à soupe de graines de pavot

Pour la poolish :

- 100 g de farine T55
- 10 cl d'eau
- 1 pincée de levure

La veille, préparez la poolish dans un bol en mélangeant les trois ingrédients. Réservez dans un endroit tiède.

Le lendemain, mettez tous les ingrédients, sauf les graines de pavot, et la poolish dans la machine à pain, et programmez le temps de pétrissage en suivant les indications données dans le mode d'emploi de votre machine.

Sortez la pâte de la machine et façonnez des petits pains ronds d'environ 60 g. Laissez reposer 30 minutes.

Préchauffez le four th 7/8 (220 °C). Badigeonnez les petits pains d'eau salée et incisez-les en croix sur le dessus. Parsemez de graines de pavot et enfournez. Faites cuire 20 minutes.

Les petits pains au pavot sont délicieux servis tièdes avec du fromage de chèvre.

Petits pains au yaourt et au sésame

Préparation 20 min | Cuisson 20 min | Difficulté ★ | Budget ○

Les Ingrédients
pour 6 personnes

- 150 g de farine T55
- 50 g de farine de seigle
- 1 sachet de levure
- 2 cuill. à soupe de graines de sésame
- 1 yaourt nature
- 1 cuill. à soupe d'huile de sésame
- 1 cuill. à soupe d'eau

Préchauffez le four th 6 (180 °C).

Dans un saladier, mélangez les deux farines, la levure et une cuillère à soupe de graines de sésame. Dans un autre récipient, mélangez le yaourt, l'huile de sésame et l'eau.

Mélangez les deux préparations et travaillez à la main jusqu'à obtention d'une pâte homogène. Faites tomber la pâte sur le plan de travail fariné et pétrissez-la quelques minutes.

Divisez la pâte en trois et façonnez les pâtons en petits pains longs. Posez-les sur la plaque du four recouverte de papier sulfurisé. Enfournez et faites cuire 20 minutes.

Sortez les pains du four et laissez-les tiédir. Servez-les tièdes ou froids.

Petits pains aux graines de sésame

Préparation **15 min** Pétrissage **15 min** Repos **12 h** Cuisson **20 min** Difficulté ★ Budget ⬭

Les Ingrédients

pour 6 personnes

- 15 cl de lait
- 150 g de farine T55
- 150 g de farine d'épeautre T70
- 1 cuill. à café de levain déshydraté
- 1,5 cuill. à café de sel
- 15 g de beurre
- 1 cuill. à café de sucre roux
- 2 cuill. à soupe de graines de sésame

Pour la poolish :

- 100 g de farine T55
- 10 cl d'eau
- 1 pincée de levure

- La veille, préparez la poolish dans un bol en mélangeant les trois ingrédients. Réservez dans un endroit tiède.

- Le lendemain, mettez tous les ingrédients, sauf les graines de sésame, et la poolish dans la machine à pain, et programmez le temps de pétrissage en suivant les indications données dans le mode d'emploi de votre machine.

- Sortez la pâte de la machine et façonnez des petits pains ovales d'environ 60 g. Laissez reposer 30 minutes.

- Préchauffez le four th 7/8 (220 °C). Badigeonnez les petits pains d'eau salée et incisez-les légèrement sur la longueur. Parsemez-les de graines de sésame et enfournez. Faites cuire 20 minutes.

- Servez les petits pains tièdes avec un plateau de fromage ou utilisez-les froids pour faire des petits sandwichs.

Saucisson brioché

Préparation **45 min** Réfrigération **12 h** Cuisson **1 h 45** Difficulté ★★★ Budget ○

Les Ingrédients

pour 6 personnes

- 1 saucisson de Lyon cru
- 355 g de farine + un peu
- 10 g de levure sèche
- 25 g de sucre en poudre
- 170 g de beurre
- 4 œufs
- 1 jaune d'œuf
- 7 g de sel

La veille, préparez la pâte à brioche : faites ramollir le beurre à température ambiante. Mettez la farine, la levure, le sel, le sucre et trois œufs dans un saladier. Travaillez à la main jusqu'à obtention d'une pâte ferme et élastique. Pétrissez 5 minutes.

Ajoutez le dernier œuf et pétrissez 10 minutes. Incorporez alors le beurre en parcelles et travaillez bien la pâte. Laissez reposer 1 heure, puis emballez la pâte dans du film alimentaire et laissez-la doubler de volume à température ambiante. Pétrissez-la à nouveau quelques secondes, emballez-la dans du film et placez-la au réfrigérateur jusqu'au lendemain.

Piquez le saucisson et plongez-le dans de l'eau bouillante. Faites-le pocher 45 minutes, puis égouttez-le, séchez-le et épluchez-le.

Préchauffez le four th 6/7 (190 °C). Étalez la pâte sur le plan de travail fariné en un grand rectangle. Posez le saucisson au centre et saupoudrez-le légèrement de farine. Repliez la pâte sur le saucisson et soudez bien la pâte. Posez la brioche sur une feuille de papier sulfurisé et dorez-la au jaune d'œuf battu avec un peu d'eau. Enfournez et faites cuire 1 heure.

Servez tiède après avoir découpé le saucisson brioché en tranches épaisses.

Bagels

Préparation 45 min | Repos 1 h 45 | Cuisson 20 min | Difficulté ★★ | Budget ⬭

Les Ingrédients
pour 6 personnes

- 500 g de farine T55
- 8 g de levure sèche de boulanger
- 15 cl de lait tiède
- 10 cl d'eau tiède
- 10 g de sucre en poudre
- 2 blancs d'œufs
- 1 cuill. à soupe de graines de sésame
- 10 g de sel
- 25 g de beurre pour la plaque

- Délayez la levure dans 5 cl d'eau tiède. Battez légèrement les blancs d'œufs. Versez la farine sur le plan de travail. Creusez un puits au centre. Versez-y le lait, le reste d'eau, les blancs d'œufs, le sucre et le sel. Mélangez avec les doigts en incorporant la farine.
- Ajoutez la levure et pétrissez la pâte pendant environ 10 minutes. Formez une boule et mettez-la dans un saladier. Couvrez-la d'un linge humide et laissez-la reposer 1 heure 30 à température ambiante.
- Mettez la pâte sur le plan de travail fariné et repliez-la plusieurs fois sur elle-même pour la faire dégonfler. Divisez-la en une douzaine de petits pâtons et façonnez-les en petites boules. Faites un trou au centre de chaque boule et élargissez légèrement les petits pains. Laissez-les reposer 15 minutes sous un linge humide.
- Préchauffez le four th 7 (210 °C). Beurrez la plaque de cuisson. Portez une casserole d'eau à ébullition. Aux premiers frémissements, plongez-y les bagels deux par deux pendant 20 secondes pour les faire gonfler. Égouttez-les et posez-les sur la plaque beurrée. Parsemez-les de graines de sésame. Recommencez l'opération pour tous les bagels.
- Enfournez les bagels et faites-les cuire 15 à 18 minutes. Laissez-les refroidir sur une grille avant de les servir coupés en deux dans l'épaisseur et garnis de fromage frais au concombre et au saumon fumé.

Chips mexicaines

Préparation 20 min | Repos 1 h | Cuisson 15 min | Difficulté ★★ | Budget ⬭

Les Ingrédients
pour 6 personnes

- 300 g de farine de maïs
- 200 g de farine de blé T55
- 30 cl d'eau froide
- 5 g de sel fin

- Mettez la farine de maïs et la farine de blé en tas sur le plan de travail. Creusez un puits au centre. Versez-y le sel et l'eau. Travaillez du bout des doigts en incorporant la farine petit à petit.

- Pétrissez ensuite la pâte avec la paume de la main jusqu'à obtention d'une pâte souple et lisse. Ramassez-la en boule, mettez-la dans un saladier et couvrez-la d'un linge humide. Laissez reposer 1 heure au frais.

- Divisez la pâte en douze petits pâtons et façonnez-les en boules. Étalez ensuite sur le plan de travail fariné en petits ronds de 3 mm d'épaisseur. Coupez-les en quatre.

- Préchauffez le four th 3 (90 °C). Faites chauffer une poêle antiadhésive à blanc. Posez les tortillas dans la poêle par trois ou quatre et faites-les cuire 2 minutes de chaque côté. Réservez-les au fur et à mesure au chaud dans le four sous une feuille de papier aluminium.

- Servez les chips à l'apéritif avec du guacamole et une compotée de tomates pimentée.

Focaccia au thon et à la tomate

Préparation **45 min** Repos **2 h 40** Cuisson **20 min** Difficulté ★★★ Budget ⬭

Les Ingrédients
pour 6 personnes

- 500 g de farine T55
- 8 g de levure sèche de boulanger
- 15 g de sucre en poudre
- 30 cl d'eau tiède
- 10 g de sel fin
- 150 g de thon en conserve au naturel
- 2 tomates
- 1 boule de mozzarella
- Huile d'olive

Faites reposer 10 minutes la levure et 5 cl d'eau tiède. Versez la farine en tas sur le plan de travail. Creusez un puits au centre et versez-y le reste d'eau, le sucre et le sel. Mélangez du bout des doigts en incorporant la farine petit à petit.

Pétrissez pendant 5 minutes, puis ajoutez la levure dissoute. Continuez à pétrir 10 minutes jusqu'à obtention d'une pâte lisse et souple. Formez une boule et mettez-la dans un saladier. Couvrez d'un linge humide et laissez lever 1 heure 30 à température ambiante.

Lavez et coupez les tomates en tout petits dés. Coupez la mozzarella en tout petits dés et émiettez le thon. Réservez le tout au frais. Mettez la pâte sur le plan de travail fariné et repliez-la plusieurs fois sur elle-même. Divisez-la en huit pâtons et façonnez-les en boules. Laissez reposer 15 minutes avant de les étaler en disques égaux. Couvrez-les d'un linge humide et laissez-les reposer 30 minutes.

Garnissez quatre abaisses de pâte de tomate, de thon et de mozzarella, puis posez par-dessus une deuxième abaisse. Appuyez légèrement pour les souder et badigeonnez-les d'huile d'olive. Laissez lever à nouveau 15 minutes. Préchauffez le four th 8 (240 °C). Posez les focaccias sur la plaque du four et faites-les cuire 20 minutes. Servez les focaccias dès la sortie du four, arrosées d'huile d'olive.

Gressins au fromage

Préparation 30 min | Repos 10 min | Cuisson 20 min | Difficulté ★★ | Budget ⬭

Les Ingrédients

pour 6 personnes

- 375 g de farine
- 18 cl d'eau chaude
- 100 g de parmesan râpé
- 60 g de beurre mou
- 1 cuill. à café de levure de boulanger
- Huile d'olive
- 2 cuill. à café de sucre en poudre
- ½ cuill. à café rase de sel

- Mélangez le beurre, deux cuillères à soupe d'huile d'olive, la levure, le sucre, le sel, le parmesan et l'eau dans un saladier, puis ajoutez la farine petit à petit jusqu'à obtention d'une pâte.

- Mettez la pâte sur un plan de travail fariné et pétrissez-la avec la paume de la main pendant 10 minutes jusqu'à ce qu'elle soit bien élastique. Formez une boule et mettez-la dans un saladier. Huilez-la légèrement et couvrez-la d'un linge. Laissez reposer 10 minutes à température ambiante.

- Préchauffez le four th 6/7 (200 °C). Divisez la pâte en quarante morceaux égaux et façonnez-les en petits boudins longs et fins. Posez-les sur la plaque du four huilée.

- Enfournez et faites cuire 20 minutes. Sortez les gressins du four et laissez-les refroidir sur une grille.

- Servez les gressins à l'apéritif avec une petite sauce au yaourt et aux herbes ou avec des tranches de charcuterie italienne.

Pain allemand

Préparation 30 min | Repos 24 h | Cuisson 4 h 40 | Difficulté ★★★ | Budget ⬭

Les Ingrédients
pour 6 personnes

- 225 g de farine de seigle
- 110 g de farine complète
- 50 g de boulgour
- 5 g de sel
- 15 ml de mélasse (de canne)
- 40 cl d'eau chaude
- 7 ml d'huile de tournesol

- Huilez et farinez un moule à cake. Dans un saladier, mélangez la farine de seigle, la farine complète, le boulgour et le sel. Dans un autre récipient, mélangez la mélasse et l'eau chaude.

- Versez ensuite ce mélange dans le mélange de farines en ajoutant l'huile de tournesol. Remuez jusqu'à obtention d'un mélange dense. Versez la préparation dans le moule et tapez le moule sur le plan de travail pour bien tasser la pâte dans le moule. Couvrez la pâte d'un film alimentaire huilé et laissez reposer 24 heures.

- Le lendemain, préchauffez le four th 3-4 (110 °C). Remplissez un plat à four d'eau et posez une plaque à four par-dessus. Retirez le film alimentaire se trouvant sur la pâte et couvrez le moule de papier aluminium en le refermant bien sur les côtés. Placez le moule sur la plaque, juste au-dessus du plat d'eau, et faites cuire 4 heures.

- Au terme de cette cuisson, remettez de l'eau dans le plat, ôtez le papier aluminium, remontez le four th 5/6 (160 °C) et poursuivez la cuisson 40 minutes. Sortez le moule du four, démoulez-le sur une grille et laissez-le refroidir complètement.

- Servez avec du fromage frais aux herbes.

Pain au sésame

Préparation **45 min** | Repos **2 h 55** | Cuisson **15 min** | Difficulté ★★★ | Budget ⬭

Les Ingrédients
pour 6 personnes

- 500 g de farine T55
- 3 cuill. à soupe de graines de sésame
- 8 g de levure sèche de boulanger
- 2 cuill. à soupe d'huile d'olive
- 30 cl d'eau tiède
- 5 g de sel fin

- Faites reposer 10 minutes la levure et 20 cl d'eau tiède dans un grand saladier, puis ajoutez 100 g de farine et une cuillère à soupe d'huile d'olive. Mélangez, puis couvrez d'un linge humide. Laissez fermenter 30 minutes à température ambiante. Ajoutez le reste d'eau tiède, le reste de farine et le sel. Pétrissez jusqu'à obtention d'une pâte souple et lisse.
- Formez une boule et mettez-la dans un saladier. Badigeonnez la pâte du reste d'huile d'olive, couvrez d'un linge humide et laissez lever 1 heure 30 à température ambiante.
- Travaillez la pâte sur le plan de travail fariné en la repliant plusieurs fois sur elle-même. Divisez-la pâte en douze pâtons et aplatissez-les légèrement. Couvrez-les à nouveau d'un linge humide et laissez lever 15 minutes.
- Préchauffez le four th 9 (270 °C) en plaçant la plaque à l'intérieur pour qu'elle soit bien chaude. Étalez les pâtons au rouleau à pâtisserie pour en faire des disques de 3 mm d'épaisseur. Parsemez-les de graines de sésame. Laissez-les reposer 30 minutes entre deux linges farinés.
- Aspergez légèrement la plaque du four d'eau et posez trois pains dessus. Faites cuire 3 à 4 minutes. Sortez-les du four et laissez-les refroidir sur une grille. Recommencez l'opération jusqu'à épuisement des ingrédients.

Pain ciabatta

Préparation 10 min Pétrissage 15 min Repos 2 h Cuisson 20 min Difficulté ★★ Budget ⬭

Les Ingrédients

pour 6 personnes

- 23 cl d'eau
- 250 g de farine T55
- 50 g de farine de seigle
- 50 g de farine bise T80
- 2 cuill. à café de levain déshydraté
- 1 cuill. à café de sel
- 1 cuill. à soupe d'huile d'olive

- Mettez tous les ingrédients dans la machine à pain et programmez le temps de pétrissage en suivant les indications de votre machine.
- À la fin du temps de pétrissage, éteignez la machine et laissez la pâte lever pendant 1 heure 30 dans la machine.
- Posez le pâton sur une feuille de papier sulfurisé et repliez le papier pour enfermer le pâton à l'intérieur et l'empêcher ainsi de lever davantage. Laissez reposer 30 minutes.
- Préchauffez le four th 7/8 (220 °C). Ouvrez le papier et découpez-le tout autour de la pâte. Jetez un peu d'eau bouillante dans le four pour faire un nuage de vapeur et enfournez aussitôt le pain. Faites cuire 20 minutes.
- Servez le pain ciabatta froid au petit déjeuner, ou utilisez-le pour réaliser des sandwichs

Pain de maïs

Préparation 5 min | Pétrissage et Cuisson 2 h environ | Difficulté ★ | Budget ⬭

Les Ingrédients

pour 6 personnes

- 27 cl d'eau
- 270 g de farine de maïs
- 250 g de farine T55
- 2,5 cuill. à café de levain déshydraté
- 1,5 cuill. à café de sel
- 1 cuill. à soupe d'huile d'olive
- 1 cuill. à soupe de sucre roux
- 1 cuill. à café de jus de citron
- 1 cuill. à café de polenta

- Mettez tous les ingrédients dans la machine à pain, sauf la polenta.
- Programmez le temps de pétrissage en suivant les indications données par le mode d'emploi de votre machine.
- À la fin du temps de pétrissage, badigeonnez la pâte d'un peu d'eau, parsemez-la de polenta et programmez le temps de cuisson en suivant les indications données dans le mode d'emploi de votre machine.
- Sortez le pain de la machine et laissez-le refroidir.
- Servez ce pain au petit-déjeuner avec de la marmelade d'oranges.

Pain italien

Préparation 30 min | Repos 1 h 40 | Cuisson 1 h 15 | Difficulté ★★★ | Budget ⬭

Les Ingrédients

pour 6 personnes

- 500 g de farine T55
- 60 g de farine de blé complète
- 8 g de levure sèche de boulanger
- ¼ l d'eau tiède
- 1 pincée de sucre en poudre
- 1 pincée de sel
- 100 g de petites olives noires

Dans un bol, mélangez la levure et 5 cl d'eau tiède. Laissez fermenter 10 minutes. Versez la farine T55 sur le plan de travail. Creusez un puits au centre. Versez-y la levure fermentée, le sucre et le reste d'eau. Travaillez du bout des doigts en incorporant la farine au fur et à mesure jusqu'à obtention d'une pâte homogène.

Pétrissez alors la pâte avec la paume de la main en ajoutant le sel et la farine complète. La pâte obtenue doit être lisse et souple. Ramassez-la en boule et mettez-la dans un saladier. Poudrez-la d'un peu de farine et couvrez d'un linge humide. Laissez reposer 1 heure à température ambiante.

Faites tomber la pâte sur le plan de travail fariné et travaillez-la rapidement en y incorporant les olives. Coupez-la ensuite en deux. Façonnez-la en deux pains et posez-les sur la plaque du four. Couvrez-les à nouveau d'un linge humide et laissez lever 30 minutes.

Préchauffez le four th 6/7 (200 °C). Faites des entailles légères en biais sur la surface des pains. Enfournez et badigeonnez-les d'eau tiède. Enfournez et faites cuire 1 heure 15.

Laissez refroidir les pains sur une grille avant de servir.

Pain kamut

Préparation **5 min** | Pétrissage et Cuisson **2 h environ** | Difficulté ★ | Budget ○

Les Ingrédients
pour 6 personnes

- 21 cl d'eau
- 270 g de farine T55
- 80 g de farine kamut
- 2 cuill. à café de levain déshydraté
- 1 cuill. à café de sel
- 1 cuill. à soupe d'huile d'olive
- 1 cuill. à café de sucre en poudre
- 1 cuill. à café de jus de citron

- Mettez tous les ingrédients dans la machine à pain.
- Programmez le temps de pétrissage et le temps de cuisson en suivant les indications du mode d'emploi de votre machine.
- Sortez le pain de la machine et laissez-le refroidir sur une grille.
- Coupez le pain en tranches régulières. Servez le pain au petit déjeuner avec du beurre et de la confiture de fruits rouges.
- Vous pouvez, à la fin du temps de pétrissage, ajouter quelques noisettes concassées dans la machine avant d'engager la cuisson. Le pain kamut, originaire d'Égypte, se conserve très bien dans un endroit sec.

Pains chinois

Préparation 45 min | Repos 1 h 40 | Cuisson 20 min | Difficulté ★★★ | Budget ○

Les Ingrédients

pour 6 personnes

Pour la pâte :

- 500 g de farine T55
- 90 g de sucre en poudre
- 8 g de levure sèche de boulanger
- 10 cl d'eau tiède
- 1 cuill. à soupe d'huile
- 1 pincée de sel

Pour la farce :

- 300 g de rôti de porc cuit
- 1 oignon
- 1 gousse d'ail
- 1 cuill. à café de sauce soja
- 2 cuill. à café de fécule de riz
- 1 pincée de sucre en poudre
- 1 cuill. à soupe d'huile
- 1 pincée de cinq-épices

Préparez la pâte : délayez la levure et le sucre dans l'eau tiède. Laissez reposer 10 minutes. Versez la farine en tas sur le plan de travail. Creusez un puits au centre et versez-y la levure et l'eau tiède. Travaillez du bout des doigts, puis ajoutez le sel et pétrissez la pâte avec la paume de la main jusqu'à ce qu'elle soit souple. Faites une boule, mettez-la dans un saladier, couvrez-la d'un linge humide et laissez-la reposer 1 heure 30 à température ambiante.

Préparez la farce : hachez le rôti de porc. Pelez et hachez l'ail et l'oignon. Faites-les revenir dans l'huile chaude dans une poêle. Ajoutez le porc haché et poudrez de sucre. Poursuivez la cuisson 30 secondes. Délayez la fécule de riz dans une cuillère à soupe d'eau froide. Versez-la dans la poêle avec la sauce soja et les cinq-épices. Faites épaissir 30 secondes en remuant, puis laissez refroidir.

Mettez la pâte sur le plan de travail et façonnez-la en un gros boudin. Coupez-le en douze morceaux et aplatissez-les en rond. Garnissez chaque rond de pâte d'un peu de farce, puis ramenez les bords de pâte vers le haut et pincez-les pour les souder.

Posez les pains farcis dans le panier d'un cuit-vapeur huilé. Placez le panier sur une casserole adaptée remplie d'eau chaude. Couvrez et faites cuire 12 minutes. Servez les pains chinois très chauds.

Pains libanais

Préparation 40 min | Repos 2 h 40 | Cuisson 20 min | Difficulté ★★ | Budget ⬭

Les Ingrédients

pour 6 personnes

- 500 g de farine T55
- 30 cl d'eau tiède
- 8 g de levure de boulanger
- 1 cuill. à café de sucre en poudre
- 1 cuill. à café de sel fin
- 3 cuill. à soupe d'huile d'olive
- 3 cuill. à soupe de graines de pavot

Mélangez la levure dans 10 cl d'eau tiède, puis laissez fermenter 10 minutes. Versez la farine en tas sur le plan de travail et creusez un puits au centre. Mettez-y le sel, le sucre, deux cuillères à soupe d'huile d'olive, la levure fermentée et le reste d'eau. Travaillez le tout avec le bout des doigts pour commencer, puis avec la paume de la main jusqu'à obtention d'une pâte souple et lisse. Ramassez-la en boule, mettez-la dans un saladier et couvrez-la d'un linge humide. Laissez lever 2 heures à température ambiante.

Faites tomber la pâte sur le plan de travail fariné et travaillez-la quelques minutes en l'allongeant et la repliant sur elle-même plusieurs fois. Séparez la pâte en douze petits pâtons égaux et laissez lever 30 nouvelles minutes sous un linge humide.

Préchauffez le four th 8/9 (260 °C). Aplatissez les pâtons en disques de 3 mm d'épaisseur environ et posez-en trois sur la plaque du four. Badigeonnez-les d'un peu d'huile d'olive et parsemez-les de graines de pavot. Enfournez et faites cuire 5 minutes.

Sortez les pains du four et laissez-les refroidir sur une grille. Recommencez l'opération pour les autres pains.

Servez les pains libanais avec du hoummos (purée de pois chiches).

Pains marocains

Préparation **40 min** Repos **2 h 40** Cuisson **25 min** Difficulté ★★★ Budget ⬭

Les Ingrédients
pour 6 personnes

- 350 g de farine T55
- 200 g de semoule de blé fine
- 8 g de levure sèche de boulanger
- 1 cuill. à café d'huile d'olive
- 2 cuill. à café de graines de cumin
- 30 cl d'eau tiède
- 10 g de sel fin

Dans un bol, versez 4 g de levure sèche et 10 cl d'eau tiède. Laissez reposer, puis ajoutez 100 g de farine et l'huile d'olive. Couvrez d'un linge et laissez fermenter 1 heure à température ambiante.

Versez le reste de levure dans un bol avec 5 cl d'eau. Laissez reposer 10 minutes. Versez la farine restante et la semoule de blé en tas sur le plan de travail. Creusez un puits au centre. Versez-y le reste d'eau tiède, la levure dissoute et la pâte fermentée. Mélangez le tout, puis pétrissez avec la paume de la main jusqu'à obtention d'une pâte souple et lisse. Ajoutez alors les graines de cumin et le sel. Ramassez-la en boule et mettez-la dans un saladier. Couvrez-la d'un linge humide et laissez reposer pendant 1 heure à température ambiante.

Mettez la pâte sur le plan de travail fariné et travaillez-la quelques minutes. Séparez-la en trois et façonnez chaque pâton en un pain légèrement carré. Couvrez d'un linge humide et laissez reposer 30 minutes.

Préchauffez le four th 7 (210 °C). Entaillez légèrement la surface des pains en faisant des lignes avec la pointe d'un couteau. Enfournez les pains et faites-les cuire 25 minutes.

Sortez-les du four et laissez-les refroidir avant de servir.

Pains mouna

Préparation **30 min** Repos **3 h 10** Cuisson **20 min** Difficulté ★★ Budget ⬭

Les Ingrédients

pour 6 personnes

- 1 kg de farine
- 2 paquets de levure fraîche
- 5 œufs
- 1 jaune d'œuf pour la dorure
- 75 g de beurre
- 6 cuill. à soupe d'huile
- 300 g de sucre en poudre
- 1 cuill. à soupe de zeste d'orange râpé finement
- 3 cuill. à soupe d'eau de fleur d'oranger
- 2 cuill. à soupe de sucre glace

Délayez la levure dans un verre d'eau tiède et laissez reposer 10 minutes. Préchauffez le four th 3-4 (100 °C). Dans un saladier, travaillez à la spatule les œufs entiers avec le sucre, le zeste d'orange et l'eau de fleur d'oranger jusqu'à ce que le mélange blanchisse.

Ajoutez alors le beurre fondu, l'huile et la levure. Travaillez à la spatule jusqu'à obtention d'une pâte molle et collante.

Incorporez alors la farine petit à petit jusqu'à obtention d'une pâte souple et homogène. Emballez-la dans un linge. Éteignez le four et mettez-y la pâte. Laissez reposer 3 heures.

Sortez la pâte du four et préchauffez ce dernier th 7 (210 °C). Pétrissez la pâte pour qu'elle soit bien souple et faites-en six petites boules. Faites une incision en forme de croix sur le dessus. Dorez-les au jaune d'œuf et saupoudrez-les de sucre glace. Enfournez et faites cuire 20 minutes, puis éteignez le four et laissez les pains 10 minutes dans le four éteint.

Servez les pains mouna au goûter ou au petit-déjeuner.

Pains Naân

Préparation 20 min | Repos 1 h 30 | Cuisson 20 min | Difficulté ★★★ | Budget ○

Les Ingrédients
pour 6 personnes

- 500 g de farine de blé T55
- 8 g de levure de boulanger
- 12 cl de yaourt nature
- 20 cl d'eau tiède
- 5 g de sel fin

- Versez la levure dans 5 cl d'eau tiède et laissez reposer 5 minutes. Pendant ce temps, versez la farine sur un plan de travail. Creusez un puits au centre et versez-y le reste d'eau tiède, le sel et le yaourt. Travaillez du bout des doigts pour mélanger tous les ingrédients.

- Ajoutez la levure diluée et pétrissez avec la paume de la main jusqu'à obtention d'une pâte souple et lisse. Formez une boule et mettez-la dans un saladier. Couvrez la pâte d'un linge humide et laissez lever pendant 1 heure 30 à température ambiante.

- Préchauffez le four th 7/8 (230 °C) et placez la plaque dans le four pour qu'elle chauffe. Farinez le plan de travail et faites tomber la pâte dessus. Travaillez la pâte en la repliant plusieurs fois sur elle-même. Divisez-la ensuite en douze petits pâtons et façonnez-les en boules.

- Étalez les pâtons avec un rouleau à pâtisserie en formant des galettes ovales. Posez-les sur la plaque du four très chaude et enfournez. Faites cuire 10 minutes. Sortez les Naâns et recommencez l'opération avec les six autres.

- Servez les Naâns très chauds.

Pains pita

Préparation 45 min | Repos 2 h 55 | Cuisson 15 min | Difficulté ★★★ | Budget ⬭

Les Ingrédients
pour 6 personnes

- 500 g de farine T55
- 8 g de levure sèche de boulanger
- 2 cuill. à soupe d'huile d'olive
- 30 cl d'eau tiède
- 5 g de sel fin

Faites reposer la levure et 20 cl d'eau 10 minutes dans un grand saladier. Ajoutez 100 g de farine et une cuillère à soupe d'huile d'olive. Mélangez, puis couvrez d'un linge humide. Laissez fermenter 30 minutes à température ambiante. Ajoutez le reste d'eau tiède, le reste de farine et le sel. Mélangez bien, puis pétrissez jusqu'à obtention d'une pâte souple et lisse. Formez une boule et mettez-la dans un saladier. Badigeonnez la pâte du reste d'huile d'olive, couvrez d'un linge humide et laissez lever 1 heure 30 à température ambiante.

Travaillez la pâte sur le plan de travail fariné en la repliant plusieurs fois sur elle-même. Divisez la pâte en douze pâtons et aplatissez-les légèrement. Couvrez-les à nouveau d'un linge humide et laissez lever 15 minutes.

Préchauffez le four th 9 (270 °C) en plaçant la plaque à l'intérieur pour qu'elle soit bien chaude. Étalez les pâtons au rouleau à pâtisserie pour en faire des disques de 3 mm d'épaisseur. Laissez-les à nouveau reposer 30 minutes entre deux linges farinés.

Aspergez la plaque du four d'eau et posez trois pitas dessus. Faites cuire 3 à 4 minutes. Sortez-les du four et laissez-les refroidir sur une grille. Recommencez l'opération jusqu'à épuisement des ingrédients. Servez les pains pita tièdes ou froids.

Pizza fine aux oignons et à la pomme

Préparation **30 min** Cuisson **30 min** Difficulté ★★ Budget

Les Ingrédients

pour 6 personnes

Pour la pâte :

- 15 g de levure de boulanger
- 400 g de farine

Pour la garniture :

- 6 oignons
- 2 pommes
- 250 g de roquefort
- 3 branches de thym
- Le jus d'un demi-citron
- 3 cuill. à soupe d'huile d'olive
- Sel, poivre

Préparez la pâte : délayez la levure dans 12 cl d'eau tiède. Versez la farine sur le plan de travail. Faites une fontaine au centre et versez-y la levure délayée. Pétrissez à la main en ajoutant de l'eau au fur et à mesure jusqu'à formation d'une pâte lisse et souple. Faites une boule et laissez reposer la pâte dans un endroit sec et chaud, couverte d'un linge, jusqu'à ce qu'elle ait doublée de volume.

Pendant ce temps, pelez et émincez finement les oignons. Faites chauffer l'huile d'olive dans une sauteuse et faites-y fondre les oignons à feu doux pendant 15 minutes en remuant régulièrement.

Pendant ce temps, pelez et émincez les pommes en fines lamelles. Citronnez-les pour qu'elles ne noircissent pas. Émiettez le roquefort. Lavez, séchez et effeuillez le thym.

Préchauffez le four th 8 (240 °C). Pétrissez à nouveau la pâte quelques minutes, coupez-la en deux, puis étalez-la sur le plan de travail fariné. Garnissez les deux pâtons de lamelles de pommes, puis d'oignons et de roquefort. Salez légèrement et poivrez. Parsemez de thym. Glissez ensuite les pizzas sur la plaque du four recouverte de papier sulfurisé et enfournez. Faites cuire 15 minutes.

Servez chaud dès la sortie du four, accompagné d'une salade de roquette.

Poppodums

Préparation **15 min** | Cuisson **20 min** | Difficulté ★★ | Budget ⬭

Les Ingrédients
pour 6 personnes

- 300 g de farine de pois chiches
- 4 cl d'eau
- 6 cuill. à café de ghee (beurre clarifié)

- Mélangez la farine et l'eau jusqu'à obtention d'une pâte homogène. Si elle est trop sèche, ajoutez un peu d'eau.
- Divisez la pâte en six pâtons égaux et étalez-les le plus finement possible au rouleau à pâtisserie sur le plan de travail fariné en leur donnant une forme arrondie.
- Faites chauffer une cuillère à café de ghee dans une grande poêle pouvant contenir une galette de pâte. Posez une galette dans la poêle et faites-la cuire 2 minutes de chaque côté. Posez-la ensuite sur une feuille de papier absorbant.
- Essuyez la poêle avec du papier absorbant et recommencez l'opération pour la cuisson des cinq autres galettes.
- Servez à l'apéritif garnis de fromage frais aux raisins et à la tomate.

Scones au fromage

Préparation **20 min** Cuisson **15 min** Difficulté ★★ Budget ⬭

Les Ingrédients
pour 6 personnes

- 150 g de farine
- 1 cuill. à café de levure
- 25 g de margarine
- 100 g de fromage râpé
- 1 œuf
- 1 cuill. à soupe de lait
- Sel, poivre

- Mettez la farine, la levure et la margarine dans un saladier. Travaillez avec les doigts jusqu'à obtention d'un mélange granuleux.

- Ajoutez le fromage râpé, l'œuf, du sel et du poivre. Travaillez à nouveau en incorporant le lait. La pâte obtenue doit être lisse et homogène. Au besoin, remettez un peu de lait.

- Préchauffez le four th 6/7 (200 °C).

- Étalez la pâte sur le plan de travail fariné en lui laissant une certaine épaisseur. Découpez-y des petits triangles et posez-les sur la plaque du four recouverte de papier sulfurisé. Enfournez et faites cuire 15 minutes.

- Sortez les scones du four. Servez-les tièdes ou froids à l'apéritif.

Tortas à l'huile

Préparation 20 min | Cuisson 10 min | Difficulté ★★ | Budget ⬭

Les Ingrédients
pour 6 personnes

- 400 g de farine T55
- 15 g de levure
- 2 cuill. à soupe d'huile d'olive
- 1 cuill. à café de sucre en poudre
- 1 cuill. à soupe de graines d'anis
- 1 cuill. à café de graines de sésame
- ½ cuill. à café rase de sel
- Sucre cristallisé

- Préchauffez le four th 7/8 (220 °C). Couvrez la plaque du four de papier sulfurisé. Délayez la levure dans un demi-verre d'eau chaude.
- Mettez la farine dans un saladier. Creusez un puits au centre. Mettez-y la levure délayée, l'huile d'olive, le sucre, le sel, les graines d'anis et les graines de sésame. Pétrissez jusqu'à obtention d'une pâte souple.
- Divisez la pâte en douze petites boules égales. Étalez-les finement en disques et poudrez-les généreusement de sucre cristallisé.
- Posez délicatement les tortas sur la plaque du four et enfournez. Faites cuire 8 minutes. Laissez refroidir les tortas sur une grille.
- Servez froid à l'heure du goûter.

Brioche perdue

Préparation 1 h | Repos 4 jours | Cuisson 1 h | Difficulté ★★★ | Budget ⬭

Les Ingrédients
pour 6 personnes

Pour la brioche :

- 1 kg de farine
- 2 cuill. à café de sel fin
- 3 œufs
- 250 g de sucre en poudre
- 150 g de beurre ramolli
- 3 cuill. à café de crème fraîche
- 1 cuill. à café d'eau-de-vie
- 1 cuill. à café d'eau de fleur d'oranger
- ¼ l d'eau tiède
- 50 g de levure de boulanger
- 13,5 cl de lait tiède

Pour la préparation de la brioche perdue :

- 3 œufs
- 30 cl de lait
- 50 g de sucre en poudre
- 100 g de beurre

Quatre jours avant, préparez la brioche : faites gonfler la levure dans le lait tiède pendant 10 minutes. Versez la farine dans un saladier. Creusez une fontaine au centre et mettez-y le sel, le sucre, la crème fraîche, deux œufs entiers, le beurre, la levure et le lait, l'eau-de-vie et l'eau de fleur d'oranger. Travaillez la pâte à la main en ajoutant l'eau petit à petit jusqu'à ce que la pâte ne colle plus. Formez une boule de pâte et farinez-la. Recouvrez-la d'un linge et laissez-la gonfler pendant 3 heures dans un endroit chaud.

Beurrez et farinez un moule à cake. Placez la pâte à brioche dans le moule. Couvrez et laissez reposer pendant 1 heure. Préchauffez le four th 6 (180 °C). Battez l'œuf restant avec une cuillère à soupe de lait et badigeonnez toute la surface de la brioche. Faites cuire 25 minutes. Démoulez dès la sortie du four et faites refroidir sur une grille. Laissez la brioche rassir pendant trois jours.

Battez les œufs en omelette dans une assiette creuse. Versez le lait et le sucre dans une autre assiette. Coupez la brioche en tranches épaisses. Faites fondre un peu de beurre dans une poêle. Trempez deux tranches de brioche dans le lait, puis dans l'œuf battu. Posez-les ensuite dans la poêle et faites-les dorer des deux côtés. Mettez-les dans une assiette et recommencez l'opération avec les autres tranches.

Garnissez les tranches de brioche de compote ou de caramel au beurre salé avant de les servir.

Brioche vendéenne

Préparation 30 min | Repos 4 h 10 | Cuisson 25 min | Difficulté ★★★ | Budget ⬭

Les Ingrédients
pour 6 personnes

- 1 kg de farine
- 2 cuill. à café de sel fin
- 3 œufs
- 250 g de sucre en poudre
- 150 g de beurre ramolli
- 3 cuill. à café de crème fraîche
- ¼ l d'eau tiède
- 50 g de levure de boulanger
- 13,5 cl de lait tiède
- 2 cuill. à café d'eau-de-vie
- 1 cuill. à soupe d'eau de fleur d'oranger

Délayez la levure dans 12 cl de lait tiède et laissez gonfler pendant une dizaine de minutes. Versez la farine dans un saladier et creusez une fontaine au centre. Mettez-y le sel, le sucre, la crème fraîche, deux œufs entiers, le beurre, la levure diluée, l'eau-de-vie et l'eau de fleur d'oranger.

Travaillez la pâte à la main en ajoutant l'eau petit à petit et ce jusqu'à ce que la pâte ne colle plus. Formez une boule de pâte et farinez-la légèrement. Mettez-la dans un plat, couvrez-la d'un linge et laissez-la gonfler pendant 3 heures dans un endroit chaud.

Beurrez et farinez un moule à cake. Coupez la pâte en trois et faites des boudins longs. Tressez-les et placez la brioche dans le moule. Couvrez et laissez à nouveau reposer pendant 1 heure.

Préchauffez le four th 6 (180 °C). Battez l'œuf restant avec le lait restant et badigeonnez-en toute la surface de la brioche. Enfournez et faites cuire 25 minutes.

Sortez la brioche du four, démoulez-la aussitôt et laissez-la refroidir sur une grille. Servez-la avec de la confiture.

Couronne des rois provençale aux fruits confits

Préparation **30 min** Repos **6 h** Cuisson **25 min** Difficulté ★★★ Budget ○

Les Ingrédients
pour 6 personnes

- 500 g de farine
- 20 g de levure de boulanger
- 200 g de fruits confits
- 60 g de sucre en poudre
- 5 jaunes d'œufs
- 130 g de beurre
- 2 sachets de sucre vanillé
- 3 cuill. à café de sucre en grains
- 1 cuill. à café d'eau de fleur d'oranger
- 1 orange non traitée

- Faites ramollir le beurre à température ambiante. Délayez la levure dans un demi-verre d'eau tiède. Râpez finement le zeste de l'orange. Versez la farine dans un saladier. Creusez un puits au centre et mettez-y quatre jaunes d'œufs. Ajoutez le sucre en poudre et le sucre vanillé, puis le beurre coupé en parcelles. Versez la levure par-dessus le tout et pétrissez à la main jusqu'à obtention d'une pâte consistante.
- Ajoutez l'eau de fleur d'oranger et le zeste râpé. Pétrissez à nouveau 1 minute, formez une boule et laissez-la lever pendant 6 heures dans un endroit frais en la recouvrant d'un linge.
- Préchauffez le four th 6/7 (200 °C). Découpez les fruits confits en petits morceaux. Aplatissez la pâte à la main sur le plan de travail fariné. Faites un trou au centre pour donner à la pâte la forme d'une couronne.
- Posez la couronne sur la plaque du four recouverte de papier sulfurisé. Battez le jaune d'œuf restant avec une cuillère à café d'eau et badigeonnez-en la couronne. Parsemez de fruits confits et de sucre en grains en les enfonçant légèrement dans la pâte. Enfournez et faites cuire 25 minutes.
- Sortez la couronne du four et laissez-la refroidir sur une grille avant de servir.

Croissants

Préparation **1 h** Repos **2 h** Cuisson **20 min** Difficulté ★★★ Budget ⬭

Les Ingrédients
pour 6 personnes

- 250 g de farine
- 100 g de beurre
- 1 cuill. à café de sel
- 20 g de levure de boulanger
- 30 g de sucre en poudre
- 15 cl de lait à température ambiante
- 1 jaune d'œuf

- Délayez la levure dans un peu de lait. Versez la farine sur le plan de travail et creusez un puits au centre. Mettez-y le sel, le sucre, la levure diluée et le reste de lait. Travaillez à la main jusqu'à obtention d'une pâte homogène. Ramassez-la en boule et mettez-la dans un saladier. Couvrez-la d'un linge humide et placez-la au frais 30 minutes.
- Placez le beurre entre deux feuilles de papier sulfurisé et écrasez-le avec un rouleau à pâtisserie en lui donnant la forme d'un carré de 8 cm de côté environ et de 5 mm d'épaisseur. Placez au frais. Mettez la pâte sur le plan de travail fariné et étalez-la en un rectangle de 10 cm de large sur 25 cm de long environ. Posez le carré de beurre au centre de la pâte et rabattez la pâte par-dessus.
- Étalez la pâte en un rectangle de 25 cm de long sur 10 cm de large et de 5 mm d'épaisseur environ. Pliez la pâte en trois et faites-lui faire un quart de tour sur elle-même. Étalez à nouveau en un rectangle aux mêmes mesures que précédemment. Recommencez l'opération complète une fois et placez la pâte au frais 30 minutes.
- Farinez le plan de travail, posez le pâton et étalez-le en un rectangle de 20 cm de large sur 36 cm de long et sur une épaisseur de 4 mm environ. Coupez cette bande en deux dans la longueur afin d'obtenir deux bandes de 10 cm de large sur 36 cm de long. Découpez six triangles dans chaque bande, dont la base fera 10 cm et les deux côtés 6 cm. Roulez ensuite les triangles sur eux-mêmes en partant de la base. Posez les croissants sur une feuille de papier sulfurisé et laissez-les reposer 1 heure.
- Préchauffez le four th 8 (240 °C). Battez le jaune d'œuf avec une cuillère à soupe d'eau et badigeonnez-en les croissants. Enfournez et faites cuire les croissants 18 minutes. Dégustez au petit-déjeuner ou au goûter.

Pain aux raisins et à la cannelle

Préparation **45 min** Repos **2 h 15** Cuisson **50 min** Difficulté ★★★ Budget ⬭

Les Ingrédients

pour 6 personnes

- 500 g de farine
- 10 g de sel
- 75 g de sucre en poudre
- 200 g de beurre
- 2 œufs
- 20 cl de lait tiède
- 25 g de levure de bière
- 125 g de raisins de Corinthe
- 2 cuill. à soupe de cannelle en poudre

Préparez le levain : délayez la levure dans 10 cl de lait. Ajoutez 100 g de farine, mélangez bien et laissez fermenter à température ambiante pendant 15 minutes.

Pendant ce temps, mettez dans un saladier le reste de farine, le sel, le sucre, les œufs et le reste de lait. Travaillez à la main jusqu'à obtention d'une pâte souple. Poursuivez le pétrissage une dizaine de minutes pour bien aérer la pâte. Ajoutez le beurre ramolli, pétrissez bien, puis incorporez enfin le levain. Couvrez la pâte d'un linge et laissez lever 2 heures à température ambiante.

Mettez la pâte sur le plan de travail fariné et travaillez-la pour la faire dégonfler. Allongez-la une première fois et parsemez-la de raisins secs et de cannelle en poudre. Repliez la pâte sur elle-même et allongez-la à nouveau. Parsemez à nouveau de raisins et de cannelle. Recommencez l'opération une fois.

Préchauffez le four th 6 (180 °C). Beurrez un moule à cake et posez-y la pâte. Enfournez et faites cuire 50 minutes. Sortez le pain du four et démoulez-le aussitôt. Laissez refroidir sur une grille.

Servez à l'heure du goûter, en tranches épaisses, légèrement tartinées de beurre.

Pain de mie

Préparation **5 min** Pétrissage et Cuisson **2 h environ** Difficulté ★ Budget ⬭

Les Ingrédients

pour 6 personnes

- 24 cl d'eau
- 3 cl de lait
- 450 g de farine T55
- 2,5 cuill. à café de levain déshydraté
- 1,5 cuill. à café de sel
- 30 g de beurre
- 20 g de sucre en poudre
- 1 cuill. à café de jus de citron

- Mettez tous les ingrédients dans la machine à pain.
- Programmez le temps de pétrissage et le temps de cuisson en suivant les indications données par le mode d'emploi de votre machine.
- Sortez le pain de mie de la machine et laissez-le refroidir sur une grille.
- Découpez le pain en tranches fines.
- Utilisez les tranches de pain de mie, soit toastées au petit-déjeuner, soit pour réaliser des club-sandwichs.

Pain d'épices aux abricots

Préparation 20 min | Repos 1 h | Cuisson 1 h 30 | Difficulté ★★ | Budget

Les Ingrédients

pour 6 personnes

- 500 g de farine de blé T55
- 500 g de miel liquide
- 10 abricots secs
- 3 cuill. à soupe de cassonade
- 1 cuill. à café de bicarbonate de soude
- ¼ l de lait
- 1 orange
- 1 cuill. à soupe d'eau de fleur d'oranger
- ½ cuill. à café d'anis vert en poudre
- ½ cuill. à café de gingembre en poudre
- ½ cuill. à café de cannelle en poudre
- ½ cuill. à café de noix de muscade moulue
- 1 pincée de clou de girofle en poudre
- 1 grosse pincée de sel fin
- 15 g de beurre

Versez le lait et le sel dans une casserole. Portez à ébullition, puis retirez du feu et ajoutez le miel en fouettant. Lavez et séchez l'orange, puis râpez finement son zeste. Coupez les abricots secs en petits morceaux.

Dans un saladier, mélangez la farine, le bicarbonate de soude, la cassonade, toutes les épices et le zeste d'orange râpé. Versez doucement le lait, puis l'eau de fleur d'oranger, en remuant vivement avec une cuillère en bois jusqu'à obtention d'une pâte lisse. Ajoutez les morceaux d'abricots secs.

Beurrez un moule à cake et versez la pâte dedans. Laissez reposer 1 heure.

Préchauffez le four th 4/5 (130 °C). Enfournez le moule et faites cuire 1 heure 30. Sortez le pain d'épices du four et démoulez-le aussitôt. Laissez refroidir sur une grille.

Servez le pain d'épices froid avec de la confiture d'abricots.

Pains au chocolat

Préparation **1 h** Repos **2 h** Cuisson **15 min** Difficulté ★★★ Budget ⬭

Les Ingrédients

pour 6 personnes

- 250 g de farine
- 100 g de beurre
- 1 cuill. à café de sel
- 20 g de levure de boulanger
- 30 g de sucre en poudre
- 15 cl de lait à température ambiante
- 1 jaune d'œuf
- 12 barres de chocolat noir

- Délayez la levure dans un peu de lait. Versez la farine sur le plan de travail et creusez un puits au centre. Mettez-y le sel, le sucre, la levure diluée et le reste de lait. Travaillez à la main jusqu'à obtention d'une pâte homogène. Ramassez-la en boule et mettez-la dans un saladier. Couvrez-la d'un linge humide et placez-la au frais 30 minutes.
- Placez le beurre entre deux feuilles de papier sulfurisé et écrasez-le avec un rouleau à pâtisserie en lui donnant la forme d'un carré de 8 cm de côté environ et de 5 mm d'épaisseur. Placez au frais. Mettez la pâte sur le plan de travail fariné et étalez-la en un rectangle de 10 cm de large sur 25 cm de long environ. Posez le carré de beurre au centre de la pâte et rabattez la pâte par-dessus.
- Étalez la pâte un rectangle de 25 cm de long sur 10 cm de large et de 5 mm d'épaisseur environ. Pliez la pâte en trois et faites-lui faire un quart de tour sur elle-même. Étalez à nouveau en un rectangle aux mêmes mesures que précédemment. Recommencez l'opération complète une fois et placez la pâte au frais 30 minutes.
- Farinez le plan de travail, posez-y le pâton et étalez-le en un rectangle de 20 cm de large sur 36 cm de long et sur une épaisseur de 4 mm environ. Coupez cette bande en deux dans la longueur afin d'obtenir deux bandes de 10 cm de large sur 36 cm de long. Découpez chaque bande en six morceaux égaux. Placez une barre de chocolat au centre de chaque rectangle de pâte. Roulez ensuite les rectangles de pâte sur eux-mêmes en enfermant le chocolat à l'intérieur. Posez les pains au chocolat sur une feuille de papier sulfurisé et laissez-les reposer 1 heure.
- Préchauffez le four th 7 (210 °C). Battez le jaune d'œuf avec une cuillère à soupe d'eau et badigeonnez-en les croissants. Enfournez et faites cuire les pains 15 minutes.

Petits pains ronds au lait

Préparation 15 min Pétrissage 15 min Repos 30 min Cuisson 20 min Difficulté ★★ Budget ⬭

Les Ingrédients

pour 6 personnes

- 20 cl de lait
- 350 g de farine T55
- 2 cuill. à café de levain déshydraté
- 1 cuill. café rase de sel
- 50 g de beurre fondu
- 35 g de sucre en poudre
- 1 cuill. à café de jus de citron
- 1 jaune d'œuf
- Sucre en grains

- Versez le beurre fondu dans le lait. Mettez tous les ingrédients dans la machine à pain.
- Programmez le temps de pétrissage en suivant les indications du mode d'emploi de votre machine.
- À la fin du temps de pétrissage, façonnez des petits pains ronds et laissez-les reposer 30 minutes dans un endroit tiède.
- Préchauffez le four th 6 (180 °C). Battez le jaune d'œuf avec un peu d'eau. Posez les petits pains ronds sur une feuille de papier sulfurisé et badigeonnez-les de jaune d'œuf. Enfournez et faites cuire 20 minutes. 5 minutes avant la fin de la cuisson, parsemez les pains de sucre en grains.
- Laissez refroidir les petits pains avant de les servir au goûter avec de la confiture de fraises.

Scones

Préparation **20 min** | Cuisson **10 min** | Difficulté ★★ | Budget ⬭

Les Ingrédients

pour 6 personnes

- 240 g de farine complète
- 20 g de levure chimique
- 4 cuill. à soupe de margarine
- 2 cuill. à soupe de miel liquide
- ¼ l de lait écrémé
- 2 cuill. à soupe de raisins de Corinthe
- 1 cuill. à soupe de graines de sésame

Préchauffez le four th 7/8 (230 °C). Mélangez la farine et la levure. Ajoutez la margarine et mélangez du bout des doigts. Incorporez le miel, 20 cl de lait et les raisins de Corinthe. Travaillez jusqu'à obtention d'une pâte molle.

Farinez le plan de travail et étalez la pâte jusqu'à ce qu'elle fasse 1 cm d'épaisseur. Découpez-y des cercles Ø 5 cm à l'aide d'un emporte-pièce.

Couvrez la plaque du four de papier sulfurisé et disposez-y les cercles de pâte. Badigeonnez légèrement les scones du lait restant et parsemez-les de graines de sésame.

Enfournez et faites cuire 10 minutes. Sortez les scones du four et faites-les tiédir sur une grille.

Servez les scones en dessert accompagnés de crème ou à l'heure du thé, légèrement tartinés de beurre.

Index

Index par ingrédients

Fruits

Légumes

Herbes

Condiments, épices

Viandes

Crèmerie

Farines, levures

Alcool

Épicerie

Textes des recettes. Crédits iconographiques : Agence Sucré Salé
Photographes : Bagros, Bichon, Bilic, Caillaut, Da Costa, Desgrieux, Food § Drink, H et M, Hall, Hammond, Lawton, Nicoloso, Radvaner, Riou, Roulier/Turiot, Sirois, Subiros, Veigas, White
Conception et adaptation : Idées Book
Création et mise en page : a linea infographie et création
Code Éditeur : 2-35086
Dépôt légal : Septembre 2007
Imprimé et relié en Italie